차별을 넘어서는 열다섯 가지 단어
다르면서 같은 우리

Published originally under the title:
WE ARE ALL HUMANS
© Dalcò Edizioni Srl
Via Mazzini n. 6 - 43121 Parma
www.dalcoedizioni.it
All rights reserved
Korean translation rights © 2022 Pulbit Publishing Co.
Korean translation rights are arranged with Dalcò Edizioni Srl through AMO Agency Korea.
이 책의 한국어판 저작권은 AMO 에이전시를 통해 저작권자와 독점 계약한 도서출판 풀빛에 있습니다.
저작권법에 의해 한국 내에서 보호를 받는 저작물이므로 무단 전재와 무단 복제를 금합니다.

차별을 넘어서는 열다섯 가지 단어

다르면서 같은 우리

에마누엘라 나바 글 | 시모나 물라차니 그림 | 김경연 옮김

풀빛

마틴 루터 킹, 넬슨 만델라
그리고 차별 없는 세상을 위해 싸운 모든 이들에게

우리 피부색, 그건 어떤 색인가요?

푸른 초원의 녹색? 동트는 새벽의 분홍색? 별이 총총 빛나는 밤하늘의 파란색?

비옥한 흙의 갈색? 하늘에 떠가는 구름의 흰색? 밀밭의 노란색?

당신의 얼굴에 나를 비춰 봐요.

우리의 얼굴색 뒤에는 여러 감정이 숨어 있어요. 그 감정들에 나를 비춰 보는 거예요.

당신의 얼굴은 좀 더 밝은색이고, 나는 좀 더 어두운색이에요.

문득 삶의 기적이라는 말이 떠올라요.

우리는 같으면서 동시에 아주 다르잖아요. 하나면서 동시에 수천 가지 다른 모습이에요.

마법사의 모자 속에서처럼 수없이 많아져요.

우리는 서로를 안다고 생각하지만 순간순간 비밀을 발견해요.

오직 우리가 하나로 어우러질 때만, 세상은 아름다워질 수 있어요.

색깔

우리는 하나가 되면 더 용감해져요.

두려움과 불안을 극복할 수 있는 어마어마한 용기가 생기는 거예요.

용기는 밝은 마음에서 나와요.

두려움보다 더 중요하고 더 정의로운 것이 있다는 걸 아는 마음에서요.

우리는 혼자가 되는 걸 좋아하지 않아요.

차갑고 어두운 그림자가 점점 커질 때 홀로 외로이 있는 걸 바라지 않아요.

우리가 서로를 바라볼 때 인간과 동물, 나무와 집, 모든 것이 빛으로 물들어 있어요.

우리의 시선 안에는 무엇이 있을까요? 두려움인가요, 용기인가요?

존중은 주의 깊게 지켜보는 데서 시작해요.

우리는 마치 처음 보듯 서로를 바라봐요.

우리는 서로에 대해 모르는 게 많아요.

어떻게 생각하나요?

당신은 정말 누구인가요?

나는 갈라진 구름 사이로 새어 나오는 빛의 그림자예요.

꽃무늬 카펫 위를 쓰다듬는 손길이에요. 촉촉이 젖은 땅 위의 발자국이에요.

드넓은 바다 평원의 조개껍질이에요. 세상을 이야기하는 물감이에요.

우리, 미소를 지어 보아요.

많은 어린이와 어른, 젊은이와 노인,

우리는 화가의 팔레트 위에 함께 있는 물감이에요.

우리의 꿈꾸는 눈 속에서 우리가 바라는 단어를 읽어요.

우정, 기쁨, 희망, 감사 같은 단어를.

숨을 참고 가만히 귀를 기울이면, 하늘에서 별들이 연주하는 음악까지도 들을 수 있어요.

서로 가까워지면 우리는 시인이 되기도 해요.

우리는 순간순간 새로 태어나는 삶과 사랑에 빠져요.

우정은 우주가 끊임없이 만들어 내는 작품이에요.

우정

나는 행복해요. 하지만 크나큰 그리움도 있어요.

문득 아이들이 뛰어노는 소리, 노래하는 소리가 들려요.

잃어버린 언어의 단어들이 들려요.

내 어린 시절의 기억들이에요. 그 기억들이 가슴속으로 돌아와요.

과거와 현재를 잇는 보이지 않는 다리처럼요.

숲과 초원, 신성한 호수와 파란 강.

내 동생은 그곳에서 멀리 떨어진 이곳에서 태어났어요.

동생에게 조상의 땅은 아주 낯설어요.

하지만 내 손에는 여전히 나의 할머니 할아버지가 묻힌 붉은 흙이 있어요.

어두운 밤에 나는 조상들에게 보호해 달라고 기도해요.

우리의 뿌리가 없다면 우리는 무엇이 될까요?

나뭇잎 없는 앙상한 가지. 말 못 하는 나무. 붓 없는 물감.

어둠 속에 사라진 얼굴에 지나지 않을 거예요.

때때로 나는 여전히 두려워요.

버림받은 듯한 두려움. 사막에서 길을 잃은 듯한 두려움.

고향을 떠난 사람은 많았지만, 난 그래도 외로웠어요.

우리는 수천 년 동안 떠나 있었어요.

세계를 떠도는 유목민, 새로운 초원을 찾으러 떠난 양치기였어요.

관계

우리는 벌써 위험한 국경선을 넘었지만, 여전히 같은 두려움으로 떨어요.

사막은 우리 마음속에 있었어요. 우리를 삶에 붙들어 놓지 못하는 마음속에요.

바람은 우리가 땅바닥에 남기고 온 발자국들을 지웠어요.

우리는 뒤돌아보지 않았어요. 미래를 향해 활짝 열려 있는 앞을 보고 있었어요.

우리가 함께 걷기 시작했을 때 나의 외로움은 점점 사라졌어요.

땅 위에 남겨진 내 발자국들이 이제는 눈에 보여요. **발자국들은 깊은 자취를 남겼어요.**

비둘기 한 마리가 아름다운 녹색 올리브 나뭇잎처럼 하늘을 날았어요.

비둘기는 평화의 미끄러운 길을 따라 걸음걸음마다 우리와 동행했어요.

지름길은 없었어요. **밝은 길**이었지만 험하고 가파르기도 했어요.

우리는 무거운 여행 가방을 들고 천천히 움직였어요.

그런데 갑자기 당신은 내 말을 듣고 싶어 했어요.

가벼운 노래만이 아니라

혼란스러운 단어들의 시도 쓰겠다는 말을.

평화

지구는 우주에서 보면 커다란 파란색 공이에요.

우리는 중력에 이끌리는 아주 많은 점이에요.

억압 또한 **무거운 힘**이에요. 겁먹게 하는 공포예요.

위에서 누르면 일어서기가 쉽지 않아요.

우리는 종종 도와 달라고 하늘을 쳐다보아요.

우리는 많은 이들에게 낯선 사람이에요.

다른 세계에서 온 이방인들이에요.

다른 세계라고요?

우리는 모두 같은 지구에 사는 사람들 아닌가요?

억압

상상

내 머리는 **바다의 파도**예요. 바람의 소용돌이에요. 꽃으로 엮은 관이에요.
물고기와 되새들의 둥지예요. 즐거운 선율과 소리 없는 생각의 요람이에요.
우주가 그리는 그림을 읽으려면 상상하는 법을 알아야 해요.
검푸른 색에 몸을 담그는 법,
깊은 심연에서도 **무지개를 발견하는 법**을 알아야 해요.

경청

멀리서 들려오는 메아리에 귀를 기울여요.
우리가 모르는 이들의 낯선 목소리를
우리 내면의 무한한 공간에 머물게 해요.
그 목소리가 울리며
상상으로도 혼자서는 갈 수 없는 곳으로 우리를 이끌어요.
우리를 갈라놓는 가시 박힌 가지와 빽빽하게
얽히고설킨 덤불을 잘라 내기로 해요.
우리 함께 환영과 우정의 씨앗을 뿌리기로 해요.

해가 뜨거나 질 무렵

하늘이 분홍빛으로 물들 때면

나는 내가 태어난 붉은 땅 위에 누워요.

바람에 날리는 모래 알갱이처럼 잇달아 굴러가는 하루하루를 믿어 보기로 해요.

침묵은 우리를 갈라놓을 수 있어요. 우리가 만날 때면 흠칫 놀라기도 하지만,

놀라움에 신뢰를 섞어 보아요. 우리의 두려움을 가라앉혀 보아요.

신뢰

정의는 힘과 용기예요. 균형이에요.

정의는 우리의 크고 작은 행동들이 세계의 운명을 어떻게 균형 잡을 수 있는지 상기시켜 주어요.

제비들은 빛나는 별들을 모으려고 하늘로 날아갔고, 나뭇잎들은 하늘색이 되었어요.

우리가 정의로운 몸짓으로 세상을 조화롭게 할 때 곳곳에서 아름다움이 다시 태어나요.

우리가 모든 것에서 시를 찾으려 했던 건 헛되지 않았어요.

한 사람을 구하는 건 온 세상을 구하는 거니까요.

정의

창문이 열려 있어요. 이슬에 젖은 풀들이 향기로운 냄새를 풍겨요.

오늘은 모든 것이 더 공정하게, 더 평평하게 보여요.

너무도 조화로운 언덕이에요.

아주 오랜 옛날의 굴곡들이 지평선에서 사라진 듯 보여요.

우리는 이제 같은 언어를 말해요.

날마다 우리를 더 평등하고 자유롭게 만드는 언어예요.

땅과 하늘의 별들이 우리와 함께 숨 쉬는 동안 하루하루는 더 즐겁게 흘러가요.

우리는 성큼성큼 악보의 박자에 맞추듯 시간의 박자에 맞춰 걸어요.

우리는 세상이 생긴 이래 죽 **이 길을 걸어왔어요.**

그래서 사람들은 끊임없이 이주했는지도 몰라요.

우리는 모두 먼 시공간에 살던 다른 **남자와 여자의 유전자를** 갖고 있어요.

우리가 내딛는 발걸음은 느리든 빠르든 **오선 위에 음표를** 그려요.

우리 발걸음은 우주의 마법 속에서 영원히 울려 퍼지는 멜로디예요.

이주

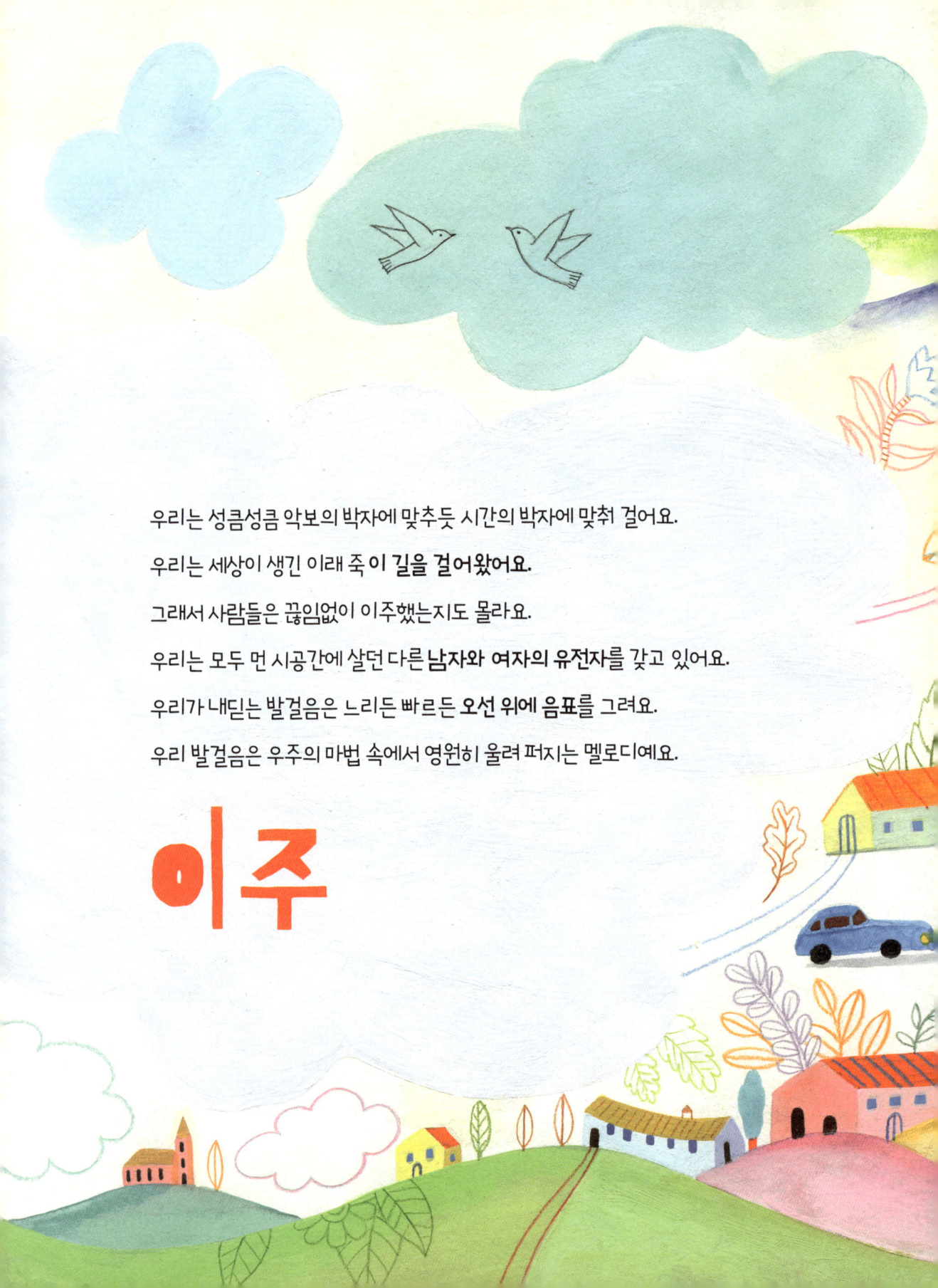

꿈

때때로 우리는 팽팽한 줄 위에서 발끝으로 걷는 **줄타기 곡예사** 같아요.

아찔하게 높은 곳이 아니라 땅에서 바로 몇 미터 위지만요.

우리는 대단한 업적을 이루어야 하고 공허와 불가능에 도전해야 한다고 생각해요.

패티 스미스의 유명한 노래가 있어요.

"나는 믿어. 우리가 꿈꾸는 모든 건 우리가 하나가 되면 가능하다고.

우리는 세상을 바꿀 수 있어. 지구를 바꿀 수 있어. 우리는 힘이 있어. 인간은 힘이 있어."

나는 우리가 힘을 합할 때 꿈꾸는 모든 것이 이루어진다고 믿어요.

우리는 세상을 바꿀 수 있어요. 지구를 바꿀 수 있어요. 우린 그럴 수 있어요.

| 옮긴이의 말 |

다르면서 같은 우리, 인간

꽤 오래전 일입니다. 집 짓는 공사 현장을 지나게 되었는데, 누가 강압적인 말투로 "야! 이리 와!" 하고 외치는 소리가 들렸습니다. 깜짝 놀라 두리번거리는데, 동남아시아인으로 보이는 남자가 "네!" 하며 일어났습니다. 순간 마주친 그 사람의 눈에서 민망함이랄까, 체념이랄까, 여러 감정이 전해지는 것 같았습니다. "우리의 얼굴색 뒤에는 여러 감정이 숨어 있어요."라는 구절을 옮기며 그때의 기억이 떠올랐습니다. 그 감정들에 자신을 비춰 보면 다른 사람을 그렇게 함부로 대할 수 있을까요?

이 책은 열다섯 개 단어로 차별을 생각해 보자고 제안합니다. 백인, 흑인 같은 표현을 많이 들어봤을 거예요. 피부색에 따라 부르는 이름이지요. 그래서 이 책은 '색깔'이라는 단어에서 출발합니다. "당신의 얼굴은 좀 더 밝은색이고, 나는 좀 더 어두운색이에요." 이 문장으로 이 책의 화자는 유색인이라고 짐작할 수 있습니다. 피부색은 달라도 그 안에서 느끼는 감정은 인간으로서 동일합니다. 이렇게 '색깔'이라는 단어에서 마치 기적처럼, 마법처럼, 같으면서도 모두 다른 우리, 인간이라는 존재를 생각해 보게 합니다.

이제 제안하는 단어들을 따라 화자의 생각을 이어 봅니다. 인간은 혼자라고 느낄 때 외롭고 두렵습니다. 모두 하나가 되어 두려움과 불안을 이기려면 '용기'가 필요합니다. 또한 진정한 하나가 되려면 서로를 '존중' 해야겠지요. 서로를 존중하면 '우정'이 싹틉니다. 우정으로 새롭게 태어난 삶은 행복하지만, 마음속 깊은 곳에서는 떠나온 것들, 잃어버린 것들에 대한 '그리움'이 있어요. 하지만 현재의 처지를 생각하면 두려워요. 사막의 모래 언덕 위에 홀로 있는 듯한 두려움. 물론 혼자 떠난 것은 아니에요. 인류의 역사가 시작된 이래, 많은 사람이 고향을 떠나야 했어요. 어떤 경우는 수천 년 동안 떠나 있어야 했지요. 사막은 마음속에 있다는 것을 깨달을 때, 서로 연결된 걸 알게 되지요. 그것이 우리 인간의 '관계'예요.

서로 연결된 걸 알면 함께 걸을 수 있게 됩니다. 함께 걷는 걸음에는 '평화'가 동행합니다. 그렇더라도 세상의 '억압'은 여전합니다. 위에서 누르면 일어서기가 쉽지 않습니다. 화자는 호소합니다. "우리는 모두 같은 지구에 사는 사람들 아닌가요?"라고.

다른 사람의 세계를 이해하려면 무엇보다도 상상력이 필요합니다. 깊은 심연에서조차 무지개를 발견하려면 '상상'하는 법을 알아야 합니다. 다른 사람의 낯선 목소리를 자신의 내면에 받아들이려면 귀 기울여 들어야 합니다. '경청'해야 합니다. 하지만 듣기만 하고 침묵하면 개개인은 모래 알갱이처럼 갈라진 채 두려움을 떨칠 수 없습니다. 두려움을 가라앉힐 수 있는 것은 '신뢰'입니다.

'정의'라는 단어에서는 한 개인의 노력이 무슨 힘을 가질 수 있을까 의심하지 말 것을 이야기합니다. 정의는 우리의 크고 작은 행동이 세계의 운명을 어떻게 균형 잡을 수 있는지 상기시켜 주니까요. 정의의 관점에서 보면 인간은 모두 '평등'합니다. 인간은 모두 어딘가에서 떠나 어딘가로 향합니다. 공간에서만이 아니라 시간에서 보아도 그렇습니다. 인간은 모두 넓은 의미에서 '이주'를 하지요. 어제와 똑같은 오늘은 없고, 오늘과 똑같은 내일은 없을 거예요. 그렇다고 우리가 힘을 합해 세상을 바꿀 수 있지 않을까요? 세상을 바꾸는 '꿈'을 꿀 수 있지 않을까요?

물론 얼마든지 다른 방식의 잇기가 가능합니다. 전체 단어를 하나의 흐름으로 이어 보지 않아도 괜찮아요. 은유도 풍부하고 시적 표현들이 많기에 독자 스스로가 다른 방식으로 읽어 볼 수 있을 거예요. 제시된 단어에서 차별과 연결 지을 때 어떤 생각이 떠오르는지 스스로에게 물어보고, 작가가 말하는 바와 비교해 보면 어떨까요? 나라면 어떻게 표현했을까 생각해 봐도 좋고요.

이 책의 화자는 흑인으로 짐작되지만, 이렇게 단어들을 잇다 보면 인종 차별을 넘어서 차별 자체를 생각해 보게 됩니다. 여기서 1948년 12월 10일, 국제 연합 총회가 채택한 세계 인권 선언 가운데 제2조가 떠오릅니다.

"모든 사람은 인종, 피부색, 성, 언어, 종교, 정치적 또는 기타의 견해, 민족적 또는 사회적 출신, 재산, 출생 또는 기타의 신분과 같은 어떠한 종류의 차별이 없이, 이 선언에 규정된 모든 권리와 자유를 향유할 자격이 있다."

12월 10일은 세계가 정한 인권의 날, 세계 인권 선언 기념일인 것도 아울러 기억하기로 해요.

옮긴이 김경연

에마누엘라 나바 글
밀라노에서 태어나 지금까지 살고 있습니다. 여행을 좋아하고 특히 아프리카와 인도에 자주 머무릅니다.
그동안 중요한 주제를 담은 어린이·청소년 도서를 써 왔습니다.

시모나 물라차니 그림
밀라노에서 태어나 지금은 피사로에 살고 있어요.
1994년부터 일러스트레이터로 활동해 지금까지 100권이 넘는 책을 그렸습니다.
2005년과 2013년에 뉴욕 일러스트레이터 협회 은메달, 2016년 안데르센 상 최우수 일러스트레이터상 등을 수상했습니다.

김경연 옮김
서울대학교에서 독문학을 전공하고 〈독일 아동 및 청소년 아동 문학 연구〉라는 논문으로 아동 청소년 관련 박사 학위를 받았어요.
아동 문학가이자 번역가로서 많은 어린이책을 번역하고 좋은 외국 도서를 소개하는 일에 힘쓰고 있지요.
옮긴 책으로는 《행복한 청소부》《바람이 멈출 때》《브루노를 위한 책》《엘리베이터 여행》
《여왕 기젤라》《여름의 규칙》《난 커서 바다표범이 될 거야》《매미》 등이 있습니다.

다르면서 같은 우리 차별을 넘어서는 열다섯 가지 단어

초판 1쇄 발행 2022년 2월 10일 | **초판 2쇄 발행** 2022년 11월 11일
글쓴이 에마누엘라 나바 | **그린이** 시모나 물라차니 | **옮긴이** 김경연
펴낸이 홍석 | **이사** 홍성우 | **편집부장** 이정은 | **편집** 김세영·박고은·조유진 | **디자인** 권영은
마케팅 이송희·한유리·이민재 | **관리** 최우리·김정선·정원경·홍보람·조영행·김지혜
펴낸곳 도서출판 풀빛 | **등록** 1979년 3월 6일 제2021-000055호 | **제조국** 대한민국 | **사용연령** 5세 이상
주소 서울특별시 강서구 양천로 583 우림블루나인 A동 21층 2110호
전화 02-363-5995(영업) 02-362-8900(편집) | **팩스** 070-4275-0445
전자우편 kids@pulbit.co.kr | **홈페이지** www.pulbit.co.kr | **블로그** blog.naver.com/pulbitbooks | **인스타그램** instagram.com/pulbitkids

ISBN 979-11-6172-826-1 77880

*책값은 뒤표지에 표시되어 있습니다.
*종이에 베이거나 긁히지 않도록 조심하세요. 책 모서리가 날카로우니 던지거나 떨어뜨리지 마세요.
*파본이나 잘못된 책은 구입하신 곳에서 바꿔드립니다.